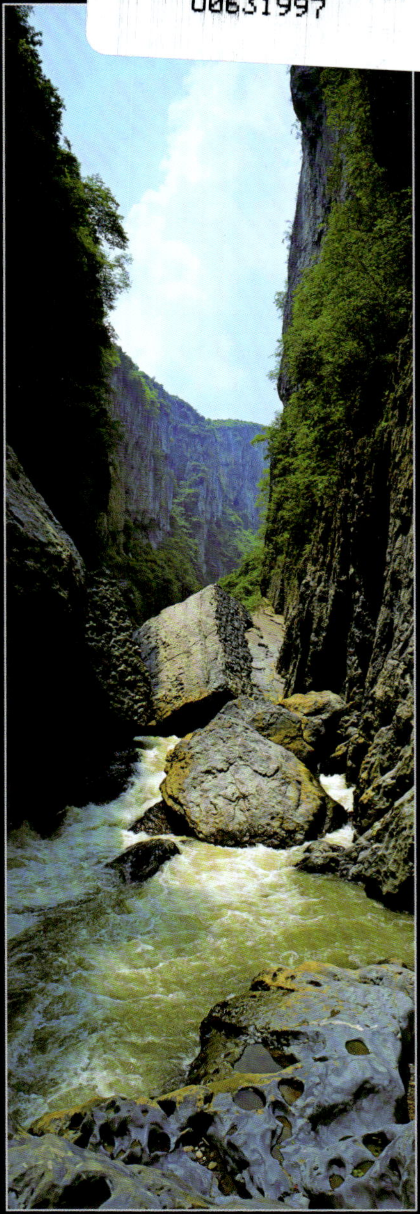

图书在版编目（CIP）数据

中国西部千里大峡谷 / 王敏正主编. -- 北京 ：人民日报出版社，2010.3
ISBN 978-7-5115-0040-3

Ⅰ. ①中… Ⅱ. ①王… Ⅲ. ①峡谷－昭通市－图集
Ⅳ. ①K928.3-64

中国版本图书馆CIP数据核字(2010)第038477号

书　　名：中国西部千里大峡谷
主　　编：王敏正
副 主 编：张昌恒　宋大明

出 版 人：董　伟
责任编辑：鞠天相
封面设计：吉学祥

出版发行：人民日报出版社
社　　址：北京金台西路2号
邮政编码：100733
发行热线：（010）65369527 65369512 65369509 65369510
邮购热线：（010）65369530
编辑热线：（010）65369538
网　　址：www.peopledailypress.com
经　　销：新华书店
印　　刷：深圳市汇亿丰印刷包装有限公司

开　　本：280mm*280mm
字　　数：12.7千字
印　　张：22
印　　数：1000册
印　　次：2010年3月第1版　　2010年9月第2次印刷

书　　号：ISBN 978-7-5115-0040-3
定　　价：280.00元

CHINA WESTERN
GREAT CANYON

# 深度揭秘
# 中国西部千里大峡谷之美

王敏正

昭通位于中国西南腹心地带、云贵川三省结合部，是四川盆地向云贵高原抬升的过渡地带，流经这里的金沙江、朱提江在群山万壑中千回百转，鬼斧神工把这块乌蒙大地切割成了蔚为壮观的“中国西部千里大峡谷”。

“中国西部千里大峡谷”的主骨架，由流经昭通与四川接壤的金沙江大峡谷和发源于昭通境内的朱提江大峡谷构成，囊括了金沙江、牛栏江、朱提江、白水江和洛泽河“四江一河”水系。整个大峡谷流域面积2.3万平方公里，有汉、回、彝、苗等24个民族，总人口560万。“中国西部千里大峡谷”是大自然的杰作，是大自然赐给昭通人民乃至全人类的一块福地，也是集历史文化、人文民俗、自然资源于一身的旅游秘境。她在祖国西部的崇山峻岭之间蜿蜒前行，铺陈为一轴大气磅礴、山水灵动、峰险峡秀的瑰丽画卷，正在谱写着一曲波澜壮阔、荡气回肠、撼人心魄的盛世长歌，足以让每一个走近她的人永生难忘。

### 中国西部千里大峡谷——神奇迷人的峡谷

作为旅游天堂云南东北部的一方净土，“中国西部千里大峡谷”是还没有被世人认识的、神秘的处女谷。她总长1100多公里，最高海拔4040米，最低海拔267米，谷底宽度50米至2000米。金沙江流经巧家、永善、绥江和水富，与发源于鲁甸并流经昭阳、大关、盐津、水富的朱提江交汇于“万里长江第一港”——水富港，孕育了中国大动脉长江，形成了“两峡相连、两江相通、循环互补”的文化旅游线路。

金沙江大峡谷以民族文化和水电文明为特色，朱提江大峡谷以历史文化和交通文明为特色，两个大峡谷相辅相成、相得益彰。

在“中国西部千里大峡谷”中，金沙江咆哮奔腾，朱提江恬淡宁静，两江牵手将隔山互闻的两大峡谷呈环状链接在一起，构建出地球上少见的环形大峡谷。同时，更赋予了峡谷动静皆有的性格，展示着阳刚与阴柔相间的个性之美。与科罗拉多大峡谷和雅鲁藏布大峡谷相比较，“中国西部千里大峡谷”除了拥有令人叹为观止的险峻景观外，更记录着人类与峡谷从古至今无比默契的相守相依，记载着人类文明演进的五线七彩印记。

在“中国西部千里大峡谷”的环行旅游线上，串联着“国际重要湿地”和黑颈鹤国家级自然保护区大山包、“云南王”龙云的龙氏家祠、续接亚洲人类起源“缺环”的古象化石群遗址、“瀑布之乡”黄连河、省级历史文化名镇盐津豆沙古镇、亚洲最大的露天温泉、铜锣坝国家森林公园、大毛滩新石器遗址、溪洛渡西部民族文化生态园、码口“地下长城”溶洞群、堪称中国历史上奇迹工程的撮鱼滩“银铜古栈道”、茂租亚洲第一高溜以及白鹤滩、溪洛渡、向家坝三大世界级巨型水电站等20多个旅游景区景点。

如果把这些景点比作钻石和珍珠，“中国西部千里大峡谷”就是云南旅游市场上一条美轮美奂的项链。游览“中国西部千里大峡谷”，无论你是按顺时针还是逆时针线路旅游，都可以全方位深层次地体验峡谷山川、回眸历史文化、走进民族家园、感悟两个文明，完成人生中一次最刻骨铭心的精彩旅程。

### 中国西部千里大峡谷——人类文明的摇篮

昭通古称“朱提”、“乌蒙”，是云贵高原上一块古老而神秘的土地。自秦凿“五尺道”、汉开“南夷道”以来，这里就是云南与中原互相沟通的重要门户，是著名的“南方丝绸之路”的要冲，历来有“咽喉西蜀、锁钥南滇”之称。

昭通历史悠久，是早期云南文化的三大发祥地之一，中原文化、巴蜀文化、古滇文化在此交汇融合，形成了独特的朱提文化。距今约10万年前，就有早期智人“昭通人”在这里繁衍生息，填补了云南省猿人阶段到晚期智人阶段之间的空白。西周末至春秋初期时的杜宇部落，入蜀“教民务农”，带去了先进的农耕文明，得到了蜀民的拥戴，当了蜀王，号称“望帝”。

公元前250年，秦孝文王派蜀郡太守李冰开凿僰道。公元前221年秦始皇统一全国后，为了进一步经略云南，派常頞将李冰开凿的僰道延伸至建宁（今曲靖），史称“五尺道”，这条古道从成都南下，经内江、宜宾、昭通，延至曲靖，成为中国南丝绸之路中极其重要的一段。五尺道不仅是一条交通古道，也是一条经济、文化通道，它把2000多年前的成都平原、古滇王国以及西南诸邦连接起来，形成著名的古“南丝绸之路”。

2009年，在昭阳区发现了古生物群遗址，在这里发现了世界上其他任何地方都没有的生物，出土了非常独特珍贵的古象化石。这是见证昭通悠久历史、深厚文化底蕴的重要符号，足以证明“中国西部千里大峡谷”是人类文明的摇篮。

### 中国西部千里大峡谷——中国革命走向胜利的重要转折地

“中国西部千里大峡谷”是一方赤血浸染、渴求自由的红色圣地，是中国革命走向胜利的转折地。云南省土地革命战争时期的5个革命老区，就有威信、镇雄和彝良3个县处于“中国西部千里大峡谷”之中。毛泽东、周恩来、朱德、张闻天等老一辈革命家都曾在“中国西部千里大峡谷”中脚踩硝烟，转战乌蒙，留下了光辉的足迹，播下了革命的火种。毛泽东在此挥笔写下“乌蒙磅礴、金沙水拍”的壮丽诗篇。

遵义会议后，1935年2月4日至14日，中央红军在向昭通威信县扎西镇集结的过程中，中共中央政治局先后在威信县的水田花房子、大河滩、扎西镇等地，连续召开会议，史称“扎西会议”。扎西会议是红军长征中一次十分重要的会议，实现了中央权力交接，重新开始了对全国革命的领导，并对一系列重大问题作出部署，确定中央红军的战略行动方针、讨论并通过遵义会议决议和决议大纲、研究中央红军的精简和缩编、作出回师黔北重占遵义的重大决策、成立中共川南特委和组建中国工农红军川南游击纵队等。扎西会议是中国革命史上的一次极为重要的会议，它解决了遵义会议没有来得及解决的问题，挽危局、正航向，在中国革命史上写下了光辉的一页。

### 中国西部千里大峡谷——旅游与投资的魅力热土

“中国西部千里大峡谷”作为云南省旅游二次创业的重要增长极，区位、自然、人文优势独特。她集长山大水之雄奇险峻，融民族风情之瑰丽神秘，汇历史文化和现代文明之博大精深，她焕发着“滇东北城市群”蓬勃生机，骄傲着“世界水电站群”豪迈品牌。旅游资源丰富，旅游产品类型多样，是云南旅游开发的一块黄金热土。

实践证明，旅游产业有大投入才有大发展。昭通市正创新旅游开发投入机制，写好“中国西部千里大峡谷”旅游发展的“资本论”，采取政府主导、企业运作、社会参与的融资模式，努力把“中国西部千里大峡谷”建设成为连接云、贵、川三省的新兴旅游区，成为云南旅游产业二次创业新增长极。

“中国西部千里大峡谷”旅游开发的重点是打造好大山包、黄连河瀑布群、豆沙古镇、大峡谷温泉、小草坝和铜锣坝森林公园、永善码口溶洞群、溪洛渡西部民族文化生态园和三大巨型电站等景区景点，开发好镇彝威“红色旅游线”，重点打造好“扎西会议”旅游精品点，主动融入赤水河“红色旅游经济圈”，同时规划好彝良、镇雄“乌蒙回旋战”的旅游开发，把红色旅游做成昭通旅游的又一大名片。

这是一条神奇迷人、山水殊胜、风情多异、流连忘返的大峡谷。

这是一条古迹斑斓、历史悠久、文化厚重、英才辈出的大峡谷。

这是一条神圣肃穆、赤血浸染、革命转折、星火燎原的大峡谷。

这是一条高峡峰涌、平湖竞秀、休闲度假、康体怡情的大峡谷。

“中国西部千里大峡谷”是一轴反映自然界波澜壮阔、气势恢弘的迷人画卷，是一部解读中华文明与古滇文化薪火相传的壮丽史诗。“中国西部千里大峡谷”真面目的揭秘，将有可能改写世界大峡谷的传统定论。“中国西部千里大峡谷”的美好明天凝结着各界朋友的殷殷心血，承载着各界朋友的热忱期望。我坚信，“中国西部千里大峡谷”的美好愿景，一定会早日实现。

“唯有身临其境界，方知自然造化绝”。

“中国西部千里大峡谷”——昭通，真诚地欢迎各界朋友的到来！

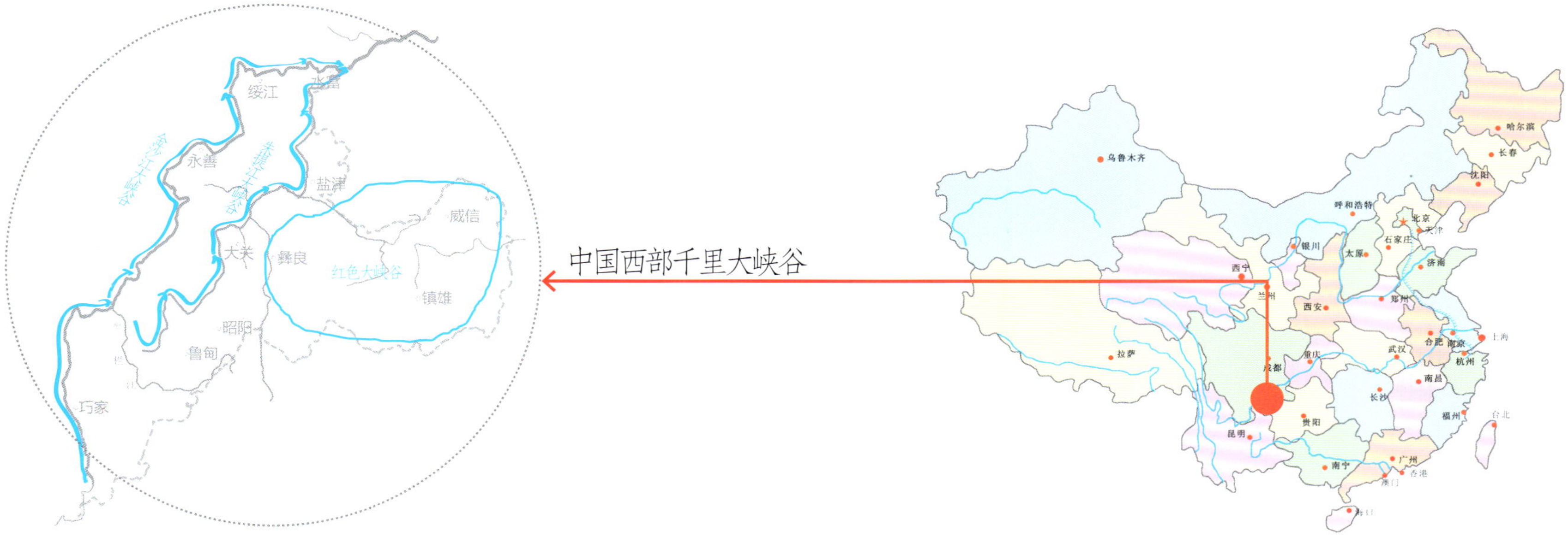

# 昭通——中国西部千里大峡谷

## 欢迎您 Welcome to Zhaotong, the Grand Canyon of West China

纳百川以归大海
融文化于历史长河
金沙、朱提二江
在此大笔挥就昭通圣境
吟唱古今

金沙江大峡谷旅游线
朱提江大峡谷旅游线
红色旅游线
向家坝水电站
水富县
绥江县
溪洛渡水电站
盐津县
大关县
威信县
镇雄县
昭阳区
鲁甸县

两江挟一山

红色一线穿

体验峡谷山川

回眸历史文化

走进民族家园

感悟两个文明

# 金沙江大峡谷

## 民族文化◎水电文明

## Jingsha River Great Canyon Nationalilty culture & Hydraulic electrogenerating civilization

# 上篇

◎金沙江大峡谷经巧家、永善、绥江、水富四县区，全长457公里，从海拔4040米的巧家大药山下降至267米的水富滚坎坝。峡谷中山峦起伏群峰雄峻，江面波涛汹涌暗流湍急，有特级险滩11个，江面最窄处溜铜江虎跳石仅20余米。

有江源自神性、圣洁之唐古拉山脉格拉丹东雪峰，摩天滴露，润土发祥，浩浩汤汤，不择溪流，经昭通境内汇聚牛栏、朱提二水，挟裹药山、五莲数峰，龙蛇腾越，磅礴苍茫，谓之金沙江。

“神川丽水”金沙江，神秘美丽，粗犷豪迈，挟千秋风雨，越崇山峻岭，一路坎坷千重浪。出千峡，纳万川，大江歌罢掉头东，终成就长江的浩瀚伟岸，源远流长，润泽华夏大地。

金沙江大峡谷，山与水千秋缠绵，水与山万年厮守。

山是峡谷的粗砺骨骼，大峡谷险峰对峙，虎踞龙盘，峻岭绵延，仰之弥高，任云蒸霞蔚，沐风栉雨，亘古屹立不改英雄本色。

大峡谷的山，不像坦荡平原的山，一峰独秀，唯我独尊，像是一群裸着古铜色脊背的阳刚壮汉，手扣了手肩并了肩，沉稳静默，已是道道钢铁长城，峰外多峰峰不存，故“乌蒙无山”。

大峡谷的山，凛然成一代得道高僧，风骨铮铮，静寂澄明，闲看高天流云，风绿江岸，花落瘦枝，物换星移沧海桑田兀自岿然，鸢飞戾天者亦望峰息心。

水是峡谷的精魂，轰然成桀骜不驯的巨龙，惊涛拍岸，撼天动地，在大峡谷这一条金属的槽道中，左冲右突，排山倒海，奔腾咆哮不舍昼夜。

水是峡谷的情人，灿然成风华绝代的舞者，衣袂飘飘，浑然忘我，轻舞飞扬曼妙生姿，高峡平湖苍茫生海色，渺漫连空翠。幽深湾潭天影长波里，寒声古渡头。

大峡谷时刻“彩云南现”、仪态万端。云随山生山与云在，云有山魂；山中有云云中藏山，山绕云云缠山，山有云性。

大峡谷古奥神秘。千万年烟雨苍茫、云遮雾锁，千万年与世隔绝、无人问津。壁立千仞，幽窈深邃，飞鸟掠飞万径人踪灭，九曲回环，江水滔滔，青冥浩荡不见底。大峡谷绚丽多姿。崇山峻岭郁郁葱葱，芊芊莽莽，瀑布飞泉处处入画，步步成图。

大峡谷瑰丽绚烂。“金沙江第一湾”巨笔挥洒，雄浑壮丽；

“三江汇流”聚两省四市大地水脉；蒙姑金沙江漂流与浪共舞，挑战人生；诸葛亮匡扶汉室五月渡泸，青史留名；“亚洲第一高溜”江风猎猎，心惊胆寒；黄华镇革命壮士碧血青山，感天动地；南岸镇土司文化神秘莫测，魅力独具；银铜古栈道见证历史，铭刻辉煌；码口溶洞“地下长城”鬼斧神工，浑然天成；溪洛渡民族文化生态园民俗奇异独特，摄人心魂……

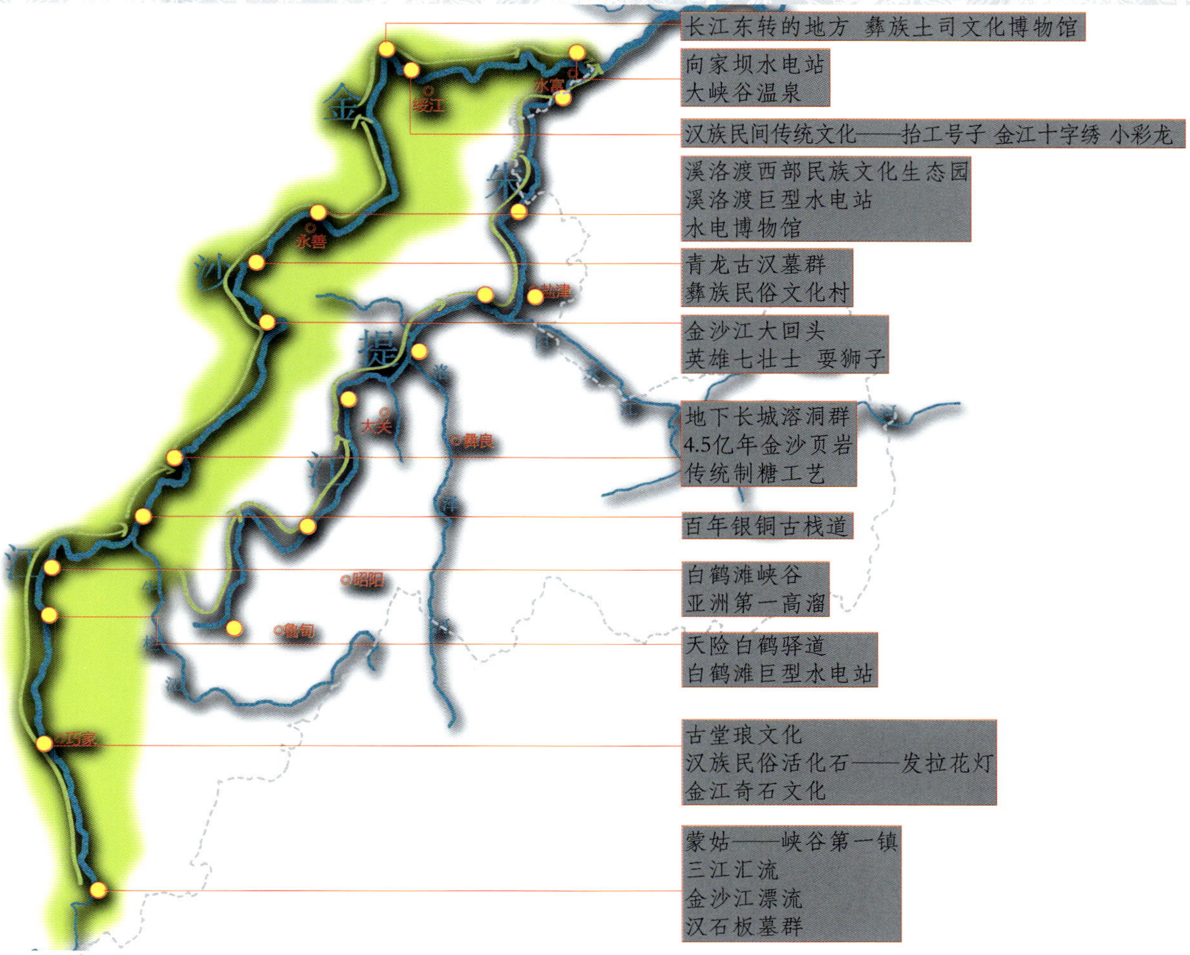


开窗放入大江来，金沙江，一风华绝代的隐逸佳人，在峡谷间独自舞蹈，忘我无我，江边星罗棋布的村寨，在她的歌声中，沉思沉醉。“金江号子”一领众和，舒缓也激越紧张，悲伧亦高亢。“长江之歌”高昂豪放，飘逸悠扬。江声月色那堪说，肠断金沙万里楼，说不尽金沙江畔船夫渔人惊险离奇事，道不完江畔情歌互答幽怨浪漫曲。

“糖汁里的村庄”静卧甘蔗林，酝酿甜蜜的日子和山民的期望；“石板上的村庄”守望峡谷春早，伸出炊烟挽留滔滔大江和高天流云；“抛藤搭桥”演绎摆摆桥土司女儿加娜的凄美爱情；江畔竹林翠绿静谧，摇曳数缕清风鸟鸣；峭壁巉岩上，大山的子民，御风而行，凌云荷锄，耕作鱼鳞般的片片梯田。

数不尽的绮丽风光，江山如画，讲不完的历史陈迹，回肠荡气！

这里，乌蒙磅礴，大峡谷雄浑壮丽山高水长，层峦叠嶂鬼斧神工江山多娇，迁客骚人政治家江畔行吟，传世诗篇震古烁今风流无限。

这里，金沙水拍，红军铁流四渡赤水，伟人巧出奇兵立功勋，大渡桥横，热血儿郎血染金沙，英雄壮举惊天地泣鬼神。

数风流人物，还看今朝。勤劳勇敢的中华好儿女，开山劈岭手缚苍龙，溪洛渡、向家坝、白鹤滩三座世界级水电站将高坝巍然，铸就金沙江水电文明，为华夏民族谋福祉……

大地春回，曙光在前，金沙江大峡谷旧貌换新颜，苏醒在生机盎然、日新月异的崭新世纪，灵动在龙腾虎跃、春潮涌动的华夏神州。

西部开发、西电东送，能源基地造福人类庇万代；防洪拦沙、改善航运，高峡平湖丰功伟业利千秋。

金沙江大峡谷，一个来了不想走的圣地秘境！

金沙江大峡谷，一直在静静地等候您，万年不变！

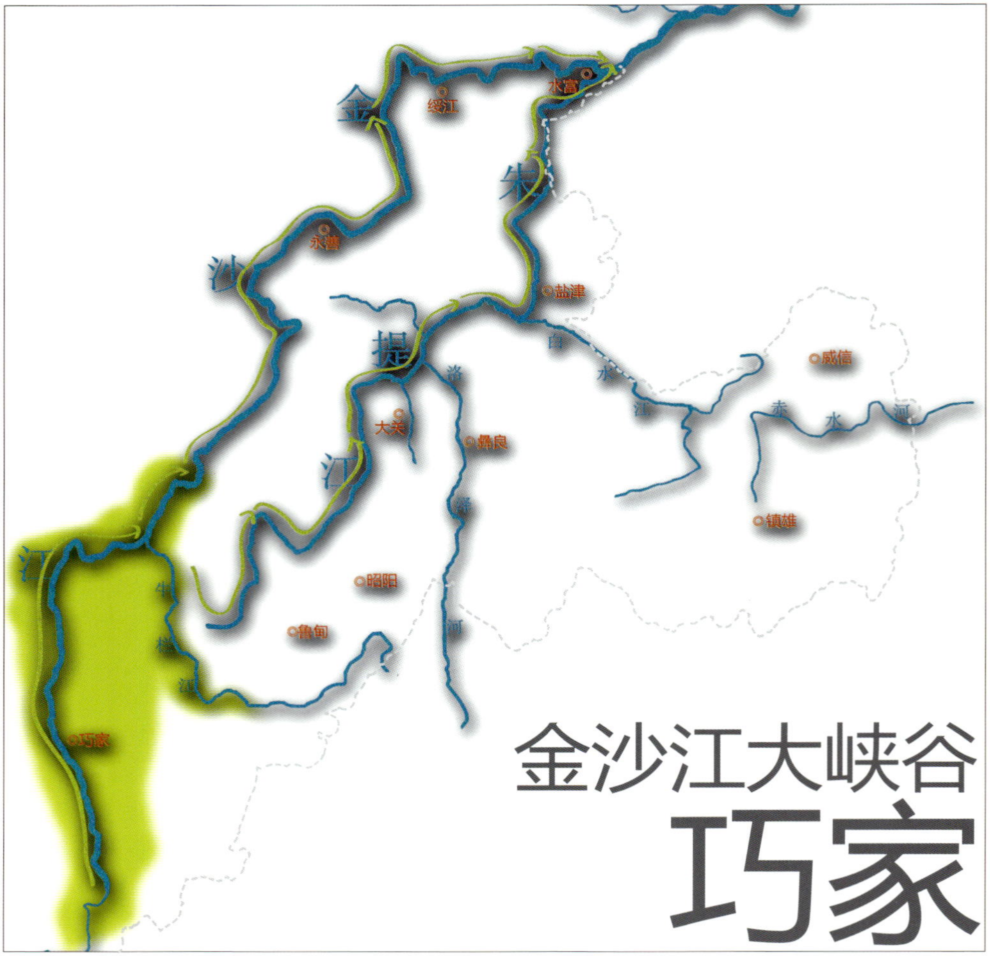


# 金沙江大峡谷
# 巧家

◎以世界级巨型水电站白鹤滩、国家级自然保护区大药山和美丽雄浑的金沙江而闻名于世的巧家县，位于云南省东北部，与川滇两省8县区接壤，隔金沙江与四川省大凉山相望，有国土面积3245平方公里，辖16个乡（镇），居住着汉、彝、苗等16种民族，总人口53万。巧家历史文化悠久，自然景观独特美丽，资源丰富，是一块古朴深奥、风情无限的魅力热土。

堂琅古镇·药峰金辉

中國圆
邵平雷
大陕省

金江唱晚晴　暮霭舞黄昏

金沙江漂流

◎波澜壮阔的金沙江大峡谷，从上游的巧家县蒙姑镇小河口至县城有40公里的金沙江漂流河段，处于金沙江的回水位，江面宽近400米，视野开阔，水流较缓，年均气温在25度，比较适宜开展水上运动，是金沙江漂流的黄金水道。

# 大自然的闲章/金江奇石

历史的履痕/大寨白鹤驿道

## 白鹤滩水电站站址

◎白鹤滩水电站位于四川省宁南县与云南省巧家县交界的金沙江峡谷，上游与乌东德水电站相接，下游与溪洛渡水电站相连，是金沙江下游（雅砻江口～宜宾）河段4个梯级电站开发的第二级，距巧家县城37公里。工程以发电为主，兼有拦沙、防洪、改善下游航运条件、发展库区航运等综合效益。该电站装机容量1400万千瓦，年平均发电量577亿千瓦·时，水库总库容205.1亿立方米，调节库容113亿立方米。

深峡玉带/通阳大桥

## 心跳/亚洲第一高溜

◎高溜系金沙江峡谷溜索，位于巧家县茂租乡，溜高600余米，溜索高悬，下临深峡，江风猎猎，惊险异常，令人心惊胆寒，却是两岸村民重要交通工具。

金江风雕石奇观

金江水磨石奇观

水琢岩弧棱 千年成一绝

# 金沙江大峡谷 永善

◎永善县位于金沙江下游，金沙江流经县境11个乡（镇），蜿蜒穿流168.2公里。总装机1386万千瓦的溪洛渡水电站坝址距县城仅3公里。永善已正在成为金沙江滚动开发的重要依托城市和前沿指挥基地，水能资源巨大，堪称“水电山城”。

# 江渡蜀滇·天下永善

长山大水/石菩萨湾

糖汁里的村庄

码口传统制糖工艺

岁月的乐章/金江亘古页岩

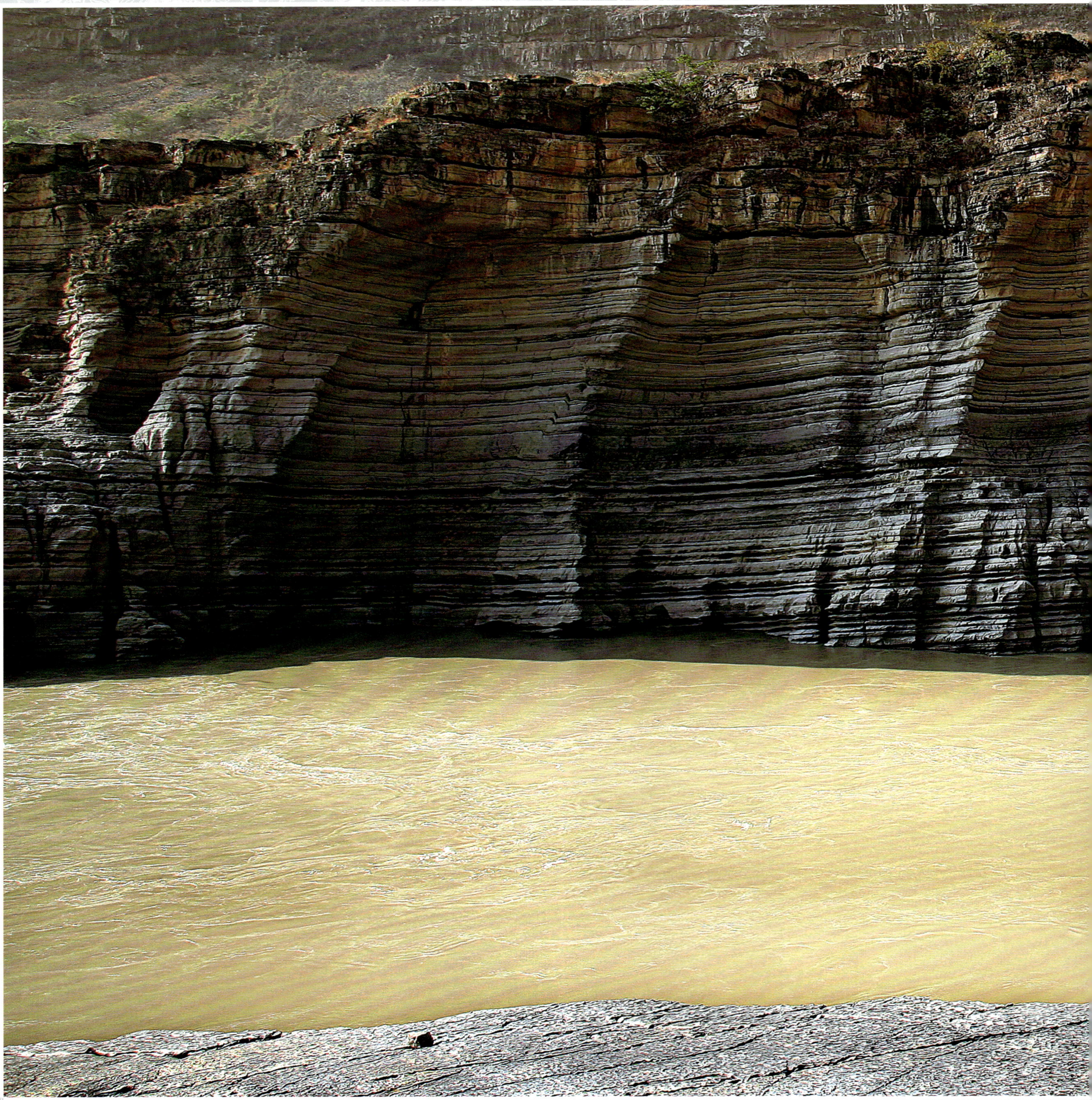

鸟瞰金沙江

城墙

城门

## 码口溶洞群/地下长城

◎码口溶洞群位于码口乡，目前发现的天然溶洞有14个，形成密度较大的溶洞群，覆盖地面数十平方公里，明洞、暗洞、水洞、旱洞种类齐全，洞中有洞，洞分上中下三层。目前发现的大洞高50余米，宽30余米，一洞可容纳数千人。洞内景观奇特，有唐僧西行取经像、亭台楼阁、田园山水……千姿百态，妙趣横生，尤以天然的“地下长城”最为著名。

钟乳石

李白醉酒

斜塔

百年银铜古栈道 ◎金沙江银铜古栈道约在清朝雍正年间开辟，它是昭通银和铜外运进京的最早通道，见证了持续百年的昭通京铜外运历史。这条穿越了金沙江和乌蒙山悬崖绝壁之上的险峻崎岖古道，构筑起了中国古代社会里非常重要的一条经济生命线，而如今的银铜古栈道，已是旅游开发和探险科考的胜地。

巨轮巡江/江心鲤鱼石

金沙江最窄处/金江虎跳石

金象护江

金江环抱龙脉山

金江激浪/金沙江特级险滩石板滩

万里江山入画屏/五莲峰

马楠牧歌

羊角酒

壮歌一曲彻云霄/乌蒙彝族汉子

九曲回环

# 奇特神秘的彝族婚俗

摸亲

抢亲

打篙

哭嫁

## 金江明珠——溪洛渡

◎溪洛渡水电站地处四川省雷波县与云南省永善县接壤的溪洛渡峡谷段，是金沙江下游在建水电站中最大的一个，装机容量与世界第二大水电站———伊泰普相当，总装机容量为1386万千瓦，年发电量位居世界第三，为571.2亿千瓦·时，相当于三个半葛洲坝水电站，是中国第二大水电站。

## 生长传奇和浪漫的地方/溪洛渡民族文化生态园

◎“溪洛渡中国西部民族文化生态园”位于永善县溪洛渡镇摆摆桥河流域的永善县生态观光农业开发区内，距县城4公里，背靠小老林和云荞水库，与著名的吞都古镇隔水相望，是云南省未来新兴的文化旅游基地和展示西部各民族文化风情的窗口。

# 金沙江大峡谷
# 绥江

◎绥江县位于云南省东北角，金沙江下游南岸，东接水富县，南靠盐津县，西与永善县接壤，北隔金沙江与四川省屏山县和雷波县相望，是一个依山傍水、充满活力的湖滨生态城市。

# 长江东转的地方

梦幻水乡/绥江湾湾滩

潮涌金沙

长江东转的地方/绥江南岸镇

丽水金沙

翠竹森然

彝族安氏土司墓内棺

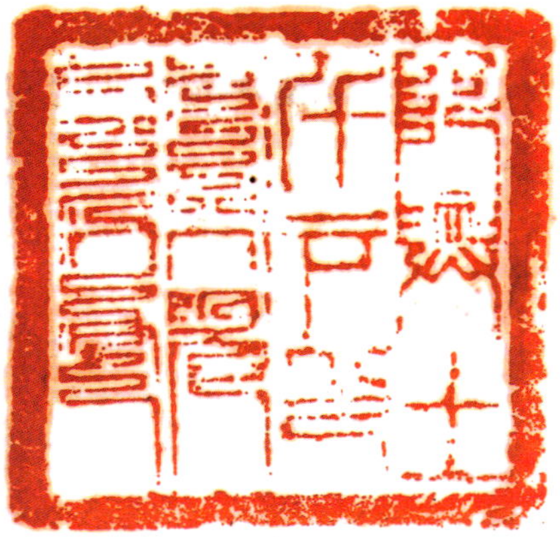

清乾隆授予永善安土司印——阿兴土千户

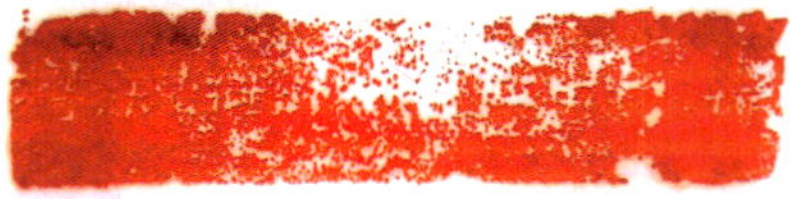

乾字一万二千四百五十二号

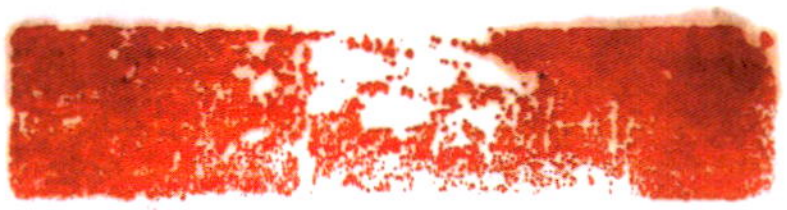

乾隆二十六年三月

劳动者之歌/汉族抬工号子

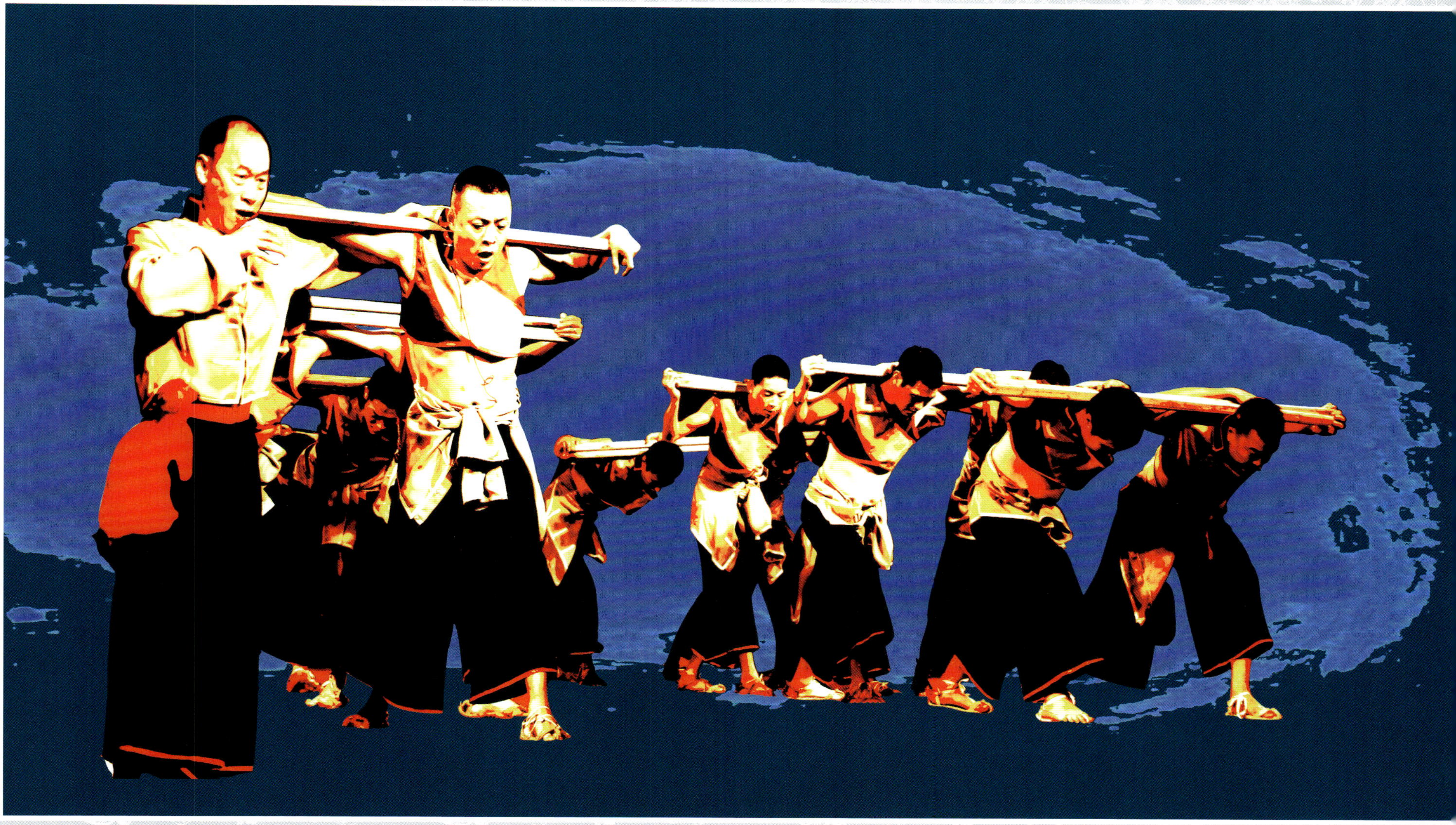

# 金沙江大峡谷
# 水富

◎素有“云南北大门”之称的水富县，位于四川盆地南沿，云贵高原的起点，金沙江、横江、长江三江交汇地带。水富是云南省唯一的公路、铁路、航空、水运四通县。县内的水富港，是万里长江第一港，也是第三亚欧大陆桥的起点，年货运吞吐量200万吨以上，千吨级船只沿重庆、武汉、上海等城市可直航达海，“十二五”期间，水富港将开放为国家一类口岸。独具旅游风情的西部大峡谷温泉是目前国内规模最大的露天温泉浴场。

# 万里长江第一港

渔舟唱晚

西部民间艺术精品/水富“小彩龙”

## 万里长江第一汤/西部大峡谷温泉

◎西部大峡谷温泉位于云南省水富县境内，座落于龙苍岩与玛瑙山之间的金沙江峡谷。大峡谷温泉水域面积18210平方米，可以容纳3000人以上露天沐浴。为中国西部首家融温泉沐浴、休闲度假、商务洽谈、会议接待、疗养健身于一体的旅游温泉生态园。

## 向家坝水电站

◎向家坝水电站位于云南省水富县和四川省宜宾县结合处的金沙江河段，为峡谷型水库，总库容 51.85 亿立方米。电站装机容量 640 万千瓦。向家坝水电站和溪洛渡水电站，其总发电量约大于三峡水电站。

万里长江第一港/水富

水富港码头

# 朱提江大峡谷

## 历史文化◎交通文明

Shushi River Great Canyon
Historical culture &
Transportation civilization

# 中篇

◎朱提江大峡谷全长300余公里，从海拔3200米的鲁甸猫猫山下降至267米的水富滚坎坝，从南至北纵贯鲁甸、昭阳、大关、盐津、水富5县（区）。

有江源自“朱提银都”鲁甸，蜿蜒北流不舍昼夜，迎神川丽水金沙江于水富浩荡向东，其高原水乡膏腴肥美，民族风情古奥神秘，峡谷深涧跌宕奔腾，有洒渔河、关河、横江之谓，大名朱提江。

“汉开南夷，秦凿五尺”，朱提江畔，李冰父子衣袂飘飘，积薪烧岩，烈焰驱散蒙昧蛮荒，涅槃一个乌蒙江南；铺路搭桥，中原文明源远流长，甘如乳汁，浇灌西南边地绚丽的民族之花。

朱提江，从万古迷梦中睁开了善睐明眸，欠起了迷人身姿。

朱提江，一条文化之江。川、滇、黔三省文化在这里交融激荡，洪荒与文明，在这里对撞冲决。时间的年轮斗转星移，王朝的更替朝云暮雨，文明的薪火却在群山莽林中传递不息，虽隐约断续，却横亘山河，千年不舍，涅槃一个朱提文明。

朱提江大峡谷历史悠久、人文底蕴深厚——

过山洞“昭通人”穿越时空隧道，诉说远古洪荒；朱提银矿炉火闪烁，车水马龙；昭通古象化石群复活历史，探寻人类起源缺环；僰人悬棺在悬崖上寂然无声，千古成谜；观斗山群雕宗教和谐，神秘无边；“京铜外运”野渡无人，沉寂历史的繁华辉煌，袁滋摩崖石刻昭示天朝威仪、民族融合……

朱提江大峡谷“文射星斗、武耀河岳”——

杜宇入蜀“教民务农”，被尊为望帝，为川滇共敬仰；诸葛亮南征大军回师北上，一代名相光耀千秋；马可•波罗涉足云南，出使东南亚，播撒华夏文明；护国军北上讨伐国贼，匡扶正义；罗炳辉戎马倥偬，功勋卓越；龙云、卢汉抗日救国，力挽狂澜；姜亮夫只身入蜀寒窗苦读，成就一代国学大师；昭通作家群书写民间疾苦，为天地立心……

峡谷作证，多少华夏文明浩荡如水，冲破崇山峻岭的古老闭塞，弥漫乌蒙大地；古道为鉴，多少豪杰雄姿英发，伫立石门雄关，鼓荡千古豪情逸兴。

朱提江大峡谷，条条丝绸缎带，于长山大水间演绎民族风情，绚丽迷人，五彩缤纷；串串珍珠项链，缀在滇东北的颈项，星辉璀璨，流光溢彩——

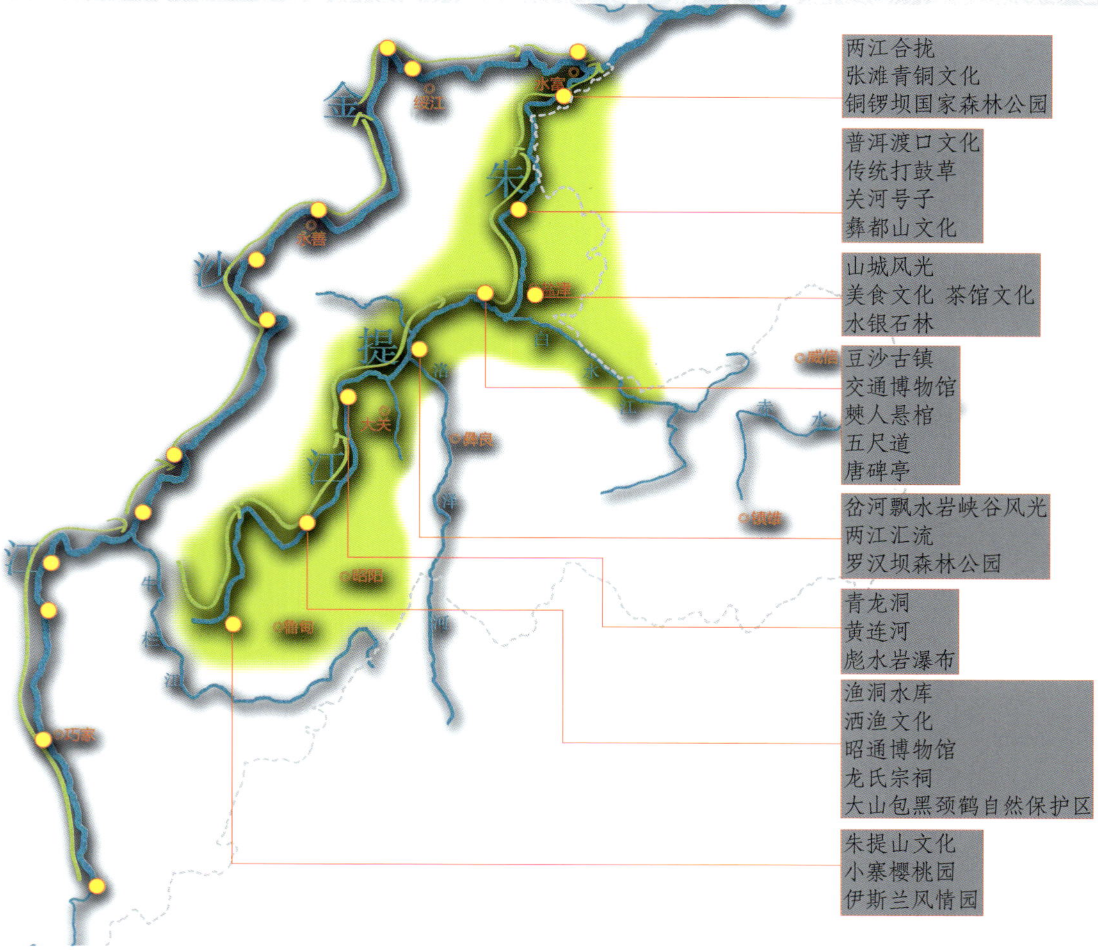


大山包雄奇险峻，堪为人间仙境；高原精灵黑颈鹤舞姿蹁跹，曼妙绝伦；昭鲁坝子平畴万顷，乌蒙江南；黄连河百川挂岩气势磅礴，移步换景令人流连忘返；盐津县城千脚落地，“地铁”贯通，人间奇迹不胜喟叹；普洱镇峻岭耸峙，古渡静默；关河两岸画轴长舒，写意山水，勾勒点染；铜锣坝山高林密，世外胜境幽深宁静；西部大峡谷灵泉天赐，涤荡俗尘……

朱提江大峡谷，山能涵养万物，蓄乌蒙山磅礴巍峨的气势，所以仁者乐山；水能依山而转，养朱提江清流跌宕的韵致，所以智者乐水。

“赤橙黄绿青蓝紫，谁持彩练当空舞。”朱提江大峡谷胸怀博大，五尺古道、213国道、关河水道、内昆铁路、昆水公路，盐津豆沙“五道并存”，堪为交通奇观。钢铁巨龙穿山越岭，见首不见尾；水麻高速大桥巨臂擎天、长虹卧波，坎坷成大道，天堑变通途。

大峡谷五道“刚柔相济”，动静相依，静默凝固的是千年历史，灵动多姿的是人文风情，皆曼妙翩跹，各领风骚。山水为文增气韵，文为山水添光华。

朱提江大峡谷，曾经流淌过多少摄人心魄的传奇故事；朱提江大峡谷，将续写出多少传世入史的辉煌篇章。

朱提江大峡谷，一道道永不消逝的人文风景！

朱提江大峡谷，一部部汗青留香的英雄史诗！

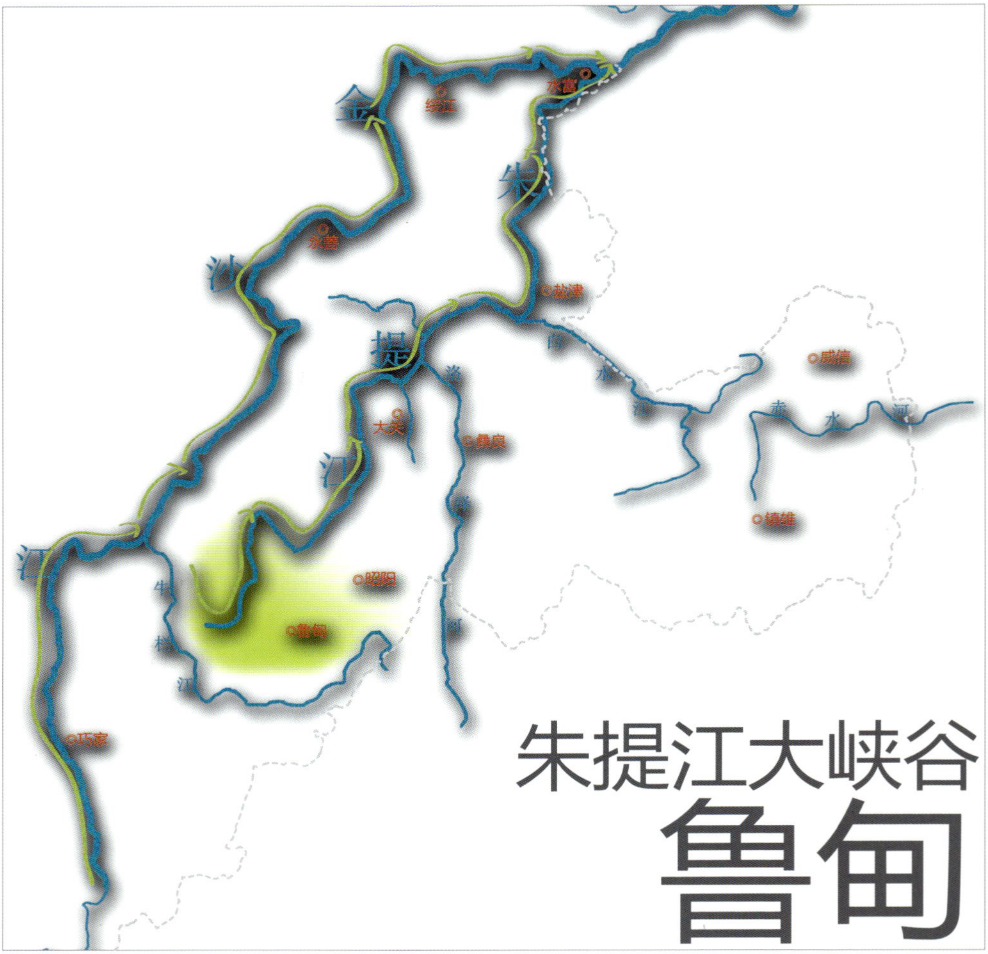


# 朱提江大峡谷

# 鲁甸

◎鲁甸县位于云南省东北部，牛栏江北岸，是昭通市西南门户。鲁甸有省级文物保护单位拖姑清真寺，是全省核桃、优质烟叶主产县。鲁甸正在大力推进城镇化战略，积极建设“和谐鲁甸，乌蒙江南”。

# 朱提银都·乌蒙江南

## 朱提银都/朱提山

◎朱提山，位于鲁甸县境内，是古朱提银的主要产地、南丝绸之路的古驿站。唐代大文学家韩愈，其《赠崔官立之》诗中有："我有双饮盏，其银出朱提"，盛赞朱提银。

## 伊斯兰风情园

◎伊斯兰城堡位于鲁甸县桃源乡境内，城堡融汇国内外伊斯兰建筑风格和人文风情，全面展现伊斯兰建筑文化、民俗文化、饮食文化、服饰文化、宗教文化和园艺文化。

## 拖姑清真寺

◎拖姑清真寺位于鲁甸县桃源乡拖姑村，始建于清雍正八年（公元1730年），因其建筑风格独特、历史悠久，被誉为云南省十大清真寺之一，素有“甲誉全滇”的美称，为昭通清真寺“祖寺”。

## 小寨红樱桃

◎小寨月亮湾位于鲁甸县小寨乡，距县城13公里，这里气候温和、光照充足、土壤肥沃，被列为全省水果基地、蔬菜基地之一。有着得天独厚的生态农业观光旅游条件，樱桃是其中最著名的旅游特色产品。

回族荞面汤

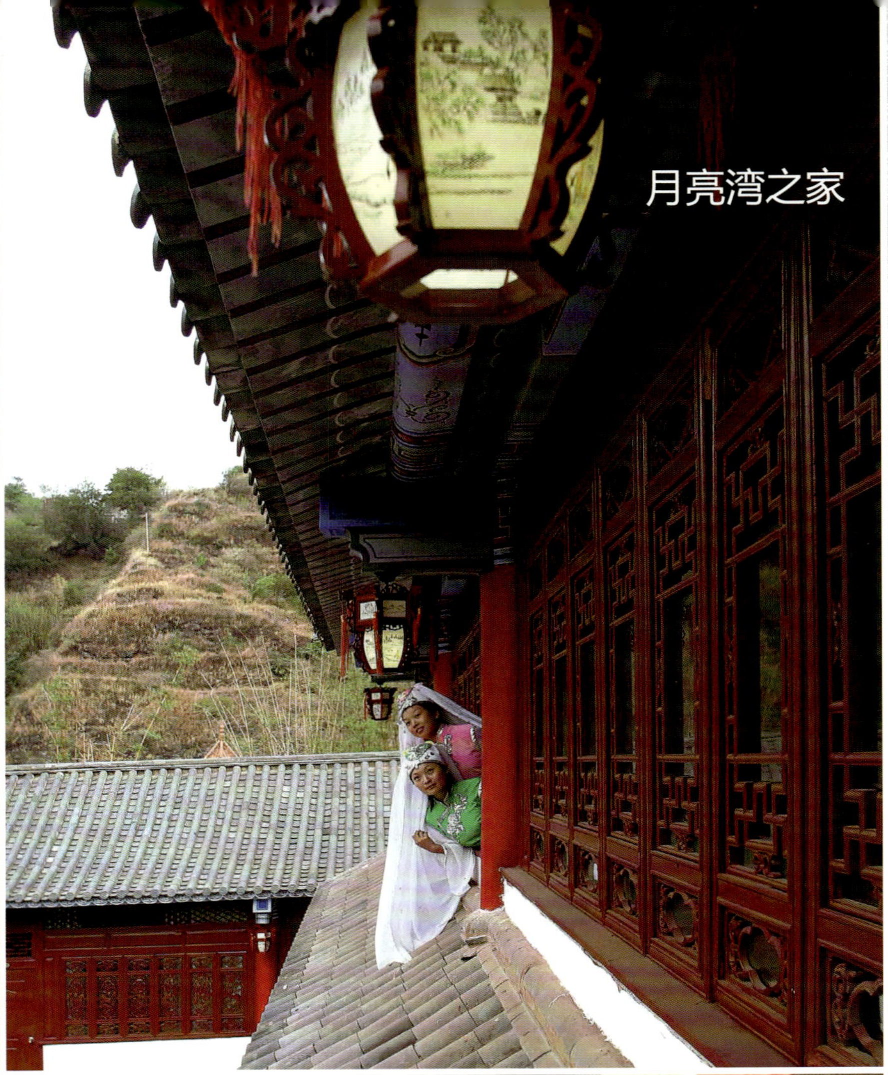
月亮湾之家

回族迎亲

江底三桥

细研古经书

# 朱提江大峡谷
# 昭阳

◎昭阳区是中共昭通市委、市人民政府驻地，全市政治、经济、文化、信息中心，位于云南省东北部，面积2167平方公里。境内昭通坝子蕴藏的褐煤储量达81.98亿吨，居全国第二位、南方第一位。昭阳区交通便利，国道213高等级公路、内昆铁路贯穿全境，昭通机场每天都有航班直飞昆明。昭阳区是“中国南方优质苹果商品生产基地”，境内的大山包是“黑颈鹤国家级自然保护区”和“国际重要湿地”，2009年被批准为“国家公园”，正在积极进行开发建设。

# 望帝故里·秋城昭阳

国际重要湿地/昭阳大山包

鹤舞云霞

梦幻大山包

## 中国黑颈鹤之乡/大山包

◎大山包国家级自然保护区位于昭通市昭阳区大山包乡，距城区83公里，属亚热带高原草甸风景区。大山包是最具原生态特色和魅力的旅游热土，是乌蒙高原上的一颗璀璨明珠。2003年被列为国家级自然保护区，2005年被国际湿地公约组织批准为“国际重要湿地”，2006年被国家林业局授予“中国黑颈鹤之乡”荣誉称号，2009年被批准为“国家公园”规划开发，是一个山水灵动、气象万千、极富开发价值的生态旅游景区。

乌蒙山高，峡谷深邃
天地筑就隔世圣境
岁月凝成华彩乐章
江风醉我群山笑
千里峡谷一线牵
嵯峨碧波渔樵
古道疏影横斜
唯有笛声咽

快乐天堂

梦醒南高原

月澹千门树挂寒

鸡公山佛光

即将建成的葡萄井彝族六祖分支祭祖圣地

高原明珠/大山包跳墩河水库

## 洒渔春早/一河烟柳万丝垂

◎洒渔坝是昭通市继昭鲁坝子之后的第二大坝子，位于昭阳城西16公里处。洒渔坝平畴万顷,风光如画,属云贵高原上少有的、极具田园风光的山间盆地，是昭通“鱼米之乡”。洒渔坝文化底蕴绵远深厚，历史悠久，民风淳朴，民族特色浓郁，这里有烟柳、古镇、遇仙洞、营盘古墓、历史人物李永和等景观和记载。

## 中国南方最大古象化石群

◎古象化石群位于昭通市昭阳区太平办事处太平村水塘坝，于2009年10月由一农民挖掘褐煤时发现。中美专家初步鉴定该化石群为生活在距今300万—700万年以前的古代剑齿象的化石，发掘的古象化石已经可以拼出三具完整的古象骨架。由于古象化石群发掘的古象种类多达十余种，昭通被认定为中国南方一个规模巨大的古象群埋藏地，被誉为“古象之邦”。

◎古象化石群现场还发现了一颗灵长类动物的牙齿，这是考古工作者发现的亚洲最早灵长类动物牙齿化石，对研究灵长类动物的进化及人类起源提供了重要的实物佐证。

骑鹿佣

东汉铜蟠龙摇钱树座

恩波蜃影/望海楼

龙云

## 龙氏家祠

◎龙氏家祠位于昭通市昭阳区永丰镇簸箕湾村，距昭阳城区8公里，是民国时期“云南王”龙云精心择址修建，以资回乡祭祖的家庙。祠堂整体建筑庄严宏敞，布局合理，木雕、石雕、彩绘技艺精湛，是云南省近代祠堂和家宅建筑的优秀代表作，尤其在建筑风格上融合了中西建筑元素，又具地方民族特色，代表了当时西南地区乃至全国建筑艺术的最高水平，是云南民国时期的建筑文化代表作之一。

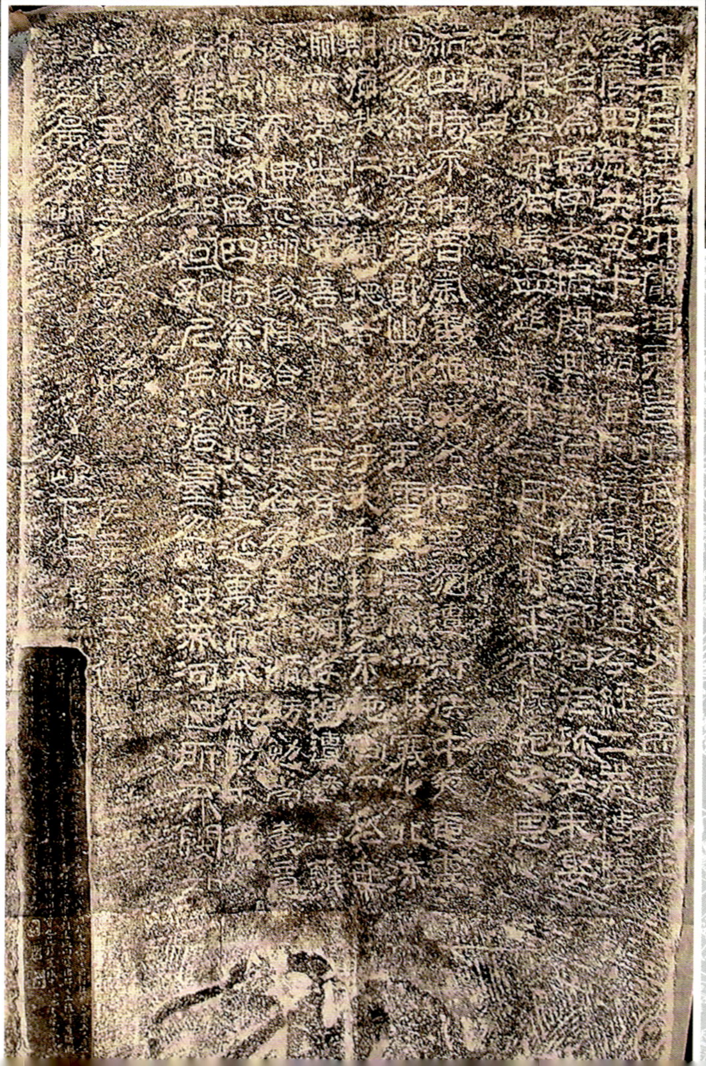

寰宇稀世之奇珍、海内第一石/ 汉孟孝琚碑亭

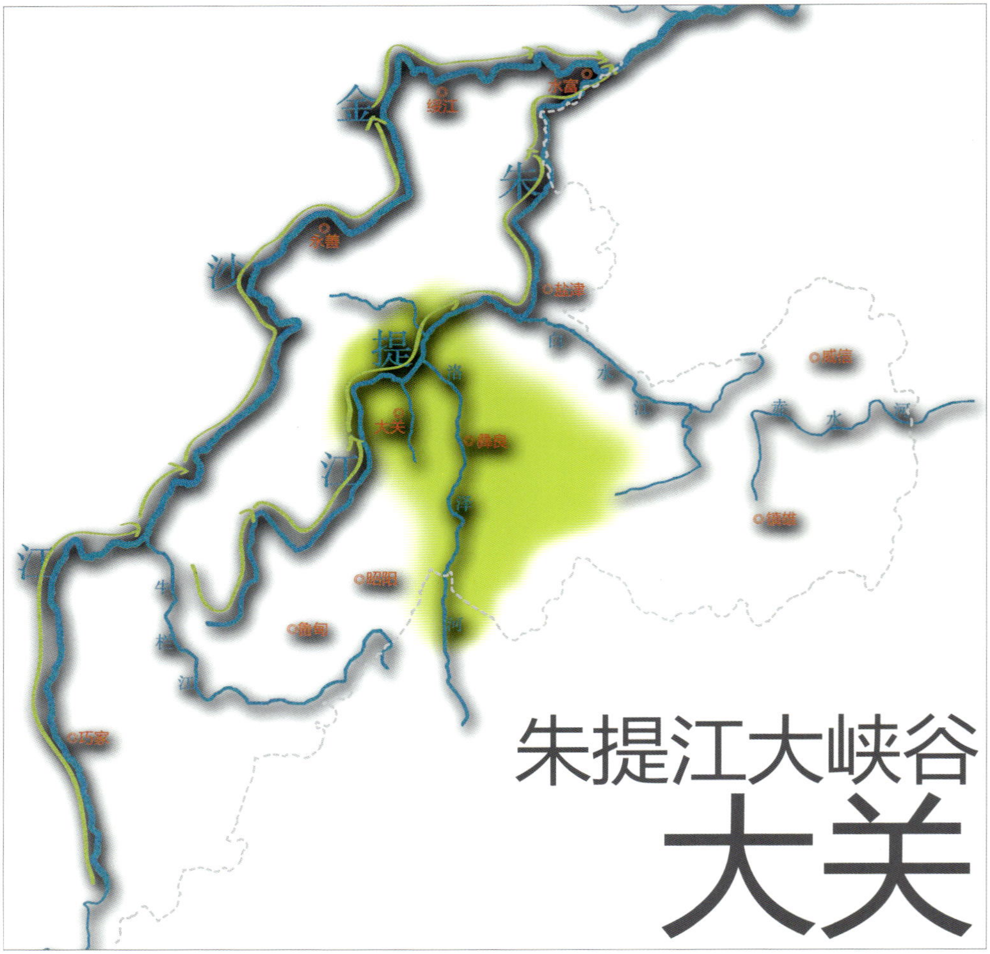


# 朱提江大峡谷

# 大关

◎大关县位于云、贵、川三省结合部，乃滇川古道，享有“中国瀑布之乡”、“中国筇竹之乡”等美誉。大关青山碧水竞相辉映，瀑布峡谷美不胜收。黄连河风景区飞瀑迎宾，蝶舞幽兰，鸟鸣深涧；青龙洞风景区集瀑布、溶洞、峡谷等奇观为一体；广袤的罗汉坝原始森林景区湖光山色，绚丽迷人，是旅游、科考、探险的胜地；云台山峡谷景区见证古今文明，有秦开五尺道、东汉岩墓群。全县旅游文化底蕴深厚，苗族花山节和彝族火把节风情浓郁、灿烂多姿。

中国瀑布之乡

中國瀑布之乡部平畫大陝首

银河忽如瓠子决　泻渚斧劈之峰前/ 融亲河瀑布

**飞瀑流泉　山水灵动/**大关黄连河瀑布群

◎黄连河位于大关县城东南侧5.5公里处，省级风景名胜区和国家AAA级旅游区。其主要以密集型瀑布群为资源主体，更有天然大滑板、鸳鸯瀑、水帘长廊等绝景奇观，在核心区方圆5平方公里范围内就有大小瀑布47条，是罕见的瀑布群奇观，素有“瀑布之乡”的美誉。

滮水岩峡谷

## 大关青龙洞

◎青龙洞位于大关县上高桥乡，主要以高山峡谷和溶洞奇观而著名。洞中有银河、银雨树、迎客松、血色溶瀑等溶洞奇观。

高山流水

植物界的活化石/珙桐

虚空落泉千仞直 雷奔入江不暂息

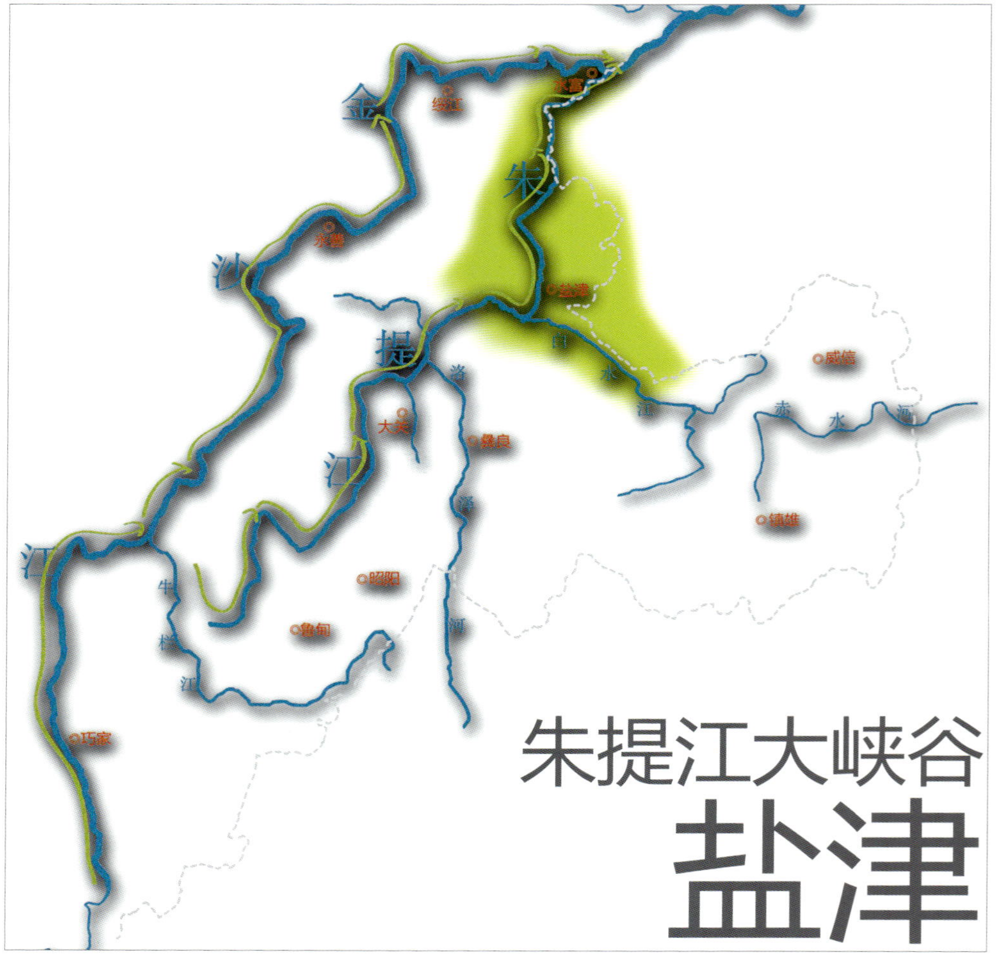

# 朱提江大峡谷
# 盐津

◎盐津县位于云南省东北部与四川交界处，是云南入川的北大门之一,素有“滇川门户”之称。这里历史悠久、文化厚重。石门关“唐袁滋题记摩崖”属国家重点文物保护单位；秦开“五尺道”马蹄深印,令人叹为观止;依壁半空的“僰人悬棺”，留下远古神秘。这里区位独特，交通便捷，是长江经济带、金沙江流域开发区和昭水工业长廊的重要组成部分，滇川大通道上的物资集散地。

# 雄关锁南天·古道连渝川

## 天然交通博物馆/古今五道

◎“咽喉西蜀，锁钥南滇”的盐津古镇豆沙关，峡谷深切，江水滔滔，峡谷中五尺古道、213国道、关河水道、内昆铁路和昆水公路“五道并存”，五条交通动脉并行不悖，时空跨越千载，承载着各自的使命，形成了交通史上的千古奇观，堪称中国独一无二的“天然交通博物馆”。

比赵州桥还古老的拱桥/秦五尺道高桥

秦五尺道

千古之谜/僰人悬棺

千古刻痕马蹄印

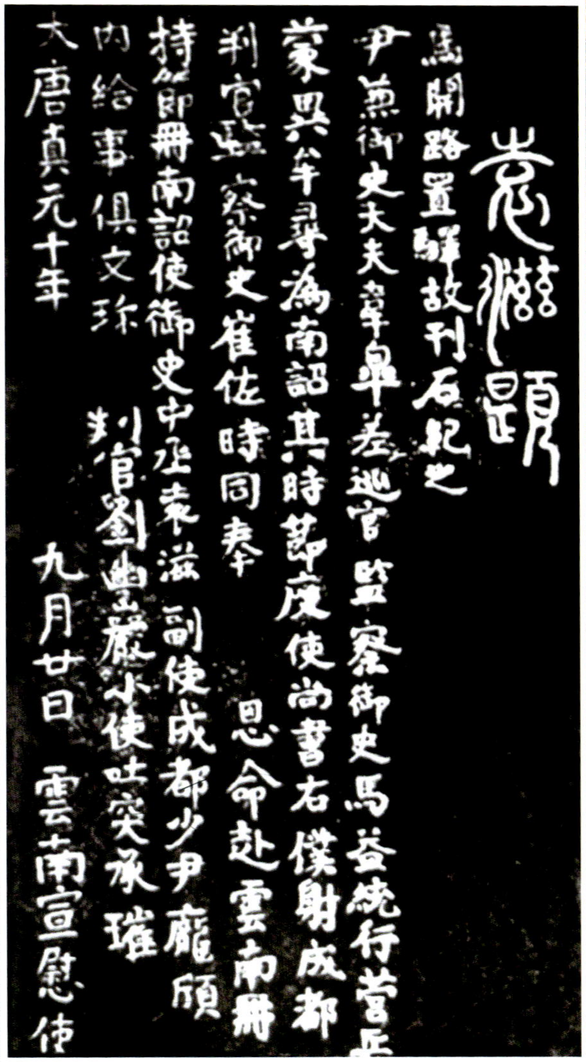
袁滋題
馬開路置驛故刊石紀之
尹兼御史大夫韋臯差巡官 監察御史馬益統行營兵
蒙異牟尋為南詔 其時節度使尚書右僕射成都
判官監察御史崔佐時同奉 恩命赴雲南冊
持節冊南詔使御史中丞袁滋 副使成都少尹龐頎
內給事俱文珍 判官劉幽巖 小使吐突承璀
大唐貞元十年 九月廿日 雲南宣慰使

唐袁滋摩崖石刻碑亭

活力豆沙关

风情白水江

灯火阑珊/豆沙夜色

八阵岭风光

盐津千脚城

关河纤夫曲

民间艺术打鼓草

浪漫白水江

水银石林/猪嘴石

水银石林/万象石

箭坝八卦田

茶山飞歌

国家森林公园/铜锣坝

◎水富铜锣坝国家森林公园位于水富县太平乡境内，是一个拥有丰富的动植物资源、秀美的山水风光、厚重的历史文化和浓郁苗乡风情的森林生态旅游区。

枫舞竹林

笛声悠扬阿哥来

内昆铁路

千里峡谷两江汇

# 红色大峡谷

## 红色经典◎革命摇篮

## Valley Filled with Rvolutionary Footprints
## Revolutionary Legacy
## Cradle of Revolution

# 下篇

◎中国西部千里大峡谷，是一块有着甘洒热血、舍生取义的光荣革命传统的赤色热土，是人民功臣罗炳辉将军等著名英雄的故乡，尤其是东部红色旅游线上的镇雄、彝良和威信三县，是红军长征走过的地方，红军在这里进行了灵活机动的“乌蒙回旋战”，召开了举世闻名的“扎西会议”。无数革命先烈的赤诚热血，洒遍了中国西部千里大峡谷的山山水水，染红了中国西部千里大峡谷的苍茫黄土，燃烧成一条可歌可泣、彪炳千秋的“红色大峡谷”。

中国西部千里大峡谷，有无数革命先驱，根植于这块热土，为了家国大义和民族存亡，奔走呼号，慷慨赴难，更有红军将士碧血丹心，驰骋疆场，高山密林千里迂回，深峡险滩铁流突围。英烈的赤血，汩汩流淌，染红了乌蒙山间的簇簇山林；英烈的赤血，熊熊燃烧，汇入滔滔的赤水河，涅槃成一条光焰万丈、彪炳千秋的“红色大峡谷”。

红色大峡谷，红军长征史诗最辉煌的篇章——

红军长征，是人类历史上一次空前绝后的革命奇迹，红色大峡谷，见证了这一史无前例的英雄壮举，吟颂着这部壮怀激烈的英雄史诗。

红色大峡谷中，中央红军战天险，逾越关山重重，涉渡滔滔江河，斗顽敌，抛头颅洒热血，转战川滇黔艰苦卓绝，终得以渡金沙江北上，取得了二万五千里长征的伟大胜利，实现了红军北上抗日的战略意图。

红色大峡谷中，红军二、六军团在贺龙的率领下，从贵州进入昭通的彝良、镇雄两县，以彝良奎香为临时根据地展开了著名的千里乌蒙回旋战，在深山峡谷中巧妙周旋，转战千里，从围追堵截中成功脱险，成为红二方面军军史上的光辉战例。彝良奎香那矗立大地的“红军长征纪念碑”，铭刻了“乌蒙回旋战”的丰功伟绩。

广德关战斗遗址、榭烟林战斗遗址、老场坳口战斗遗址……每一片山林都可能是殊死搏斗的萧萧战场，每一块土地，都可能浸染着烈士的殷殷鲜血。红色大峡谷，一曲曲红军壮歌在回旋激荡，一股股英雄气在纵横驰骋。

“金沙水拍云崖暖”、“乌蒙磅礴走泥丸”，毛泽东主席在《七律·长征》中，对红军在红色大峡谷中的迂回征战，作了最深情的记忆和最豪迈的歌颂。

红色大峡谷是中国革命走向胜利的转折点——

一个彝语名为“扎西”的小城，党中央在这里召开举世闻名的“扎西会议”，“扎西会议会址”座落在山清水秀、风光旖旎的威信县城。中国革命的一代英明领导人，在此作出了回师东进、二渡赤水、重占遵义的战略决策，实现了中国革命的伟大转折。“扎西会议”实现了毛泽东在全党全军中的领导地位，是“遵义会议”的光辉续篇，是中国革命走向胜利的崭新起点。

红色大峡谷中的扎西，享有两个“全国爱国主义教育基地”的殊荣，是“全国百个红色旅游景点景区”之一。山水草木，都浸润着革命英烈的豪气与华光，朝晖夕阴，幻化着革命英烈的容颜和身影。一个万民共敬仰的革命圣地，一个与日月同辉的红色之都。

红色大峡谷，革命先烈和英雄的故乡——

红色大峡谷哺育了抗日名将、人民功臣罗炳辉将军。罗炳辉将军出生彝良县一贫寒农家，少小离家投身革命，出生入死，浴血疆场。威震敌胆，屡立战功，后应因积劳成疾，病逝于山东临沂枣庄前线，罗炳辉以其短暂而光辉的一生，演绎了《从奴隶到将军》的军史传奇。罗炳辉功勋卓著，被中央军委确定为军事家。陈毅元帅曾赋诗“戎马三十载，将军滇之雄”，盛赞罗炳辉将军。今朝数风流，红色峡谷，洛泽河畔，巍峨壮观的罗炳辉将军纪念馆，矗立在巍巍青山，静默于高天流云。

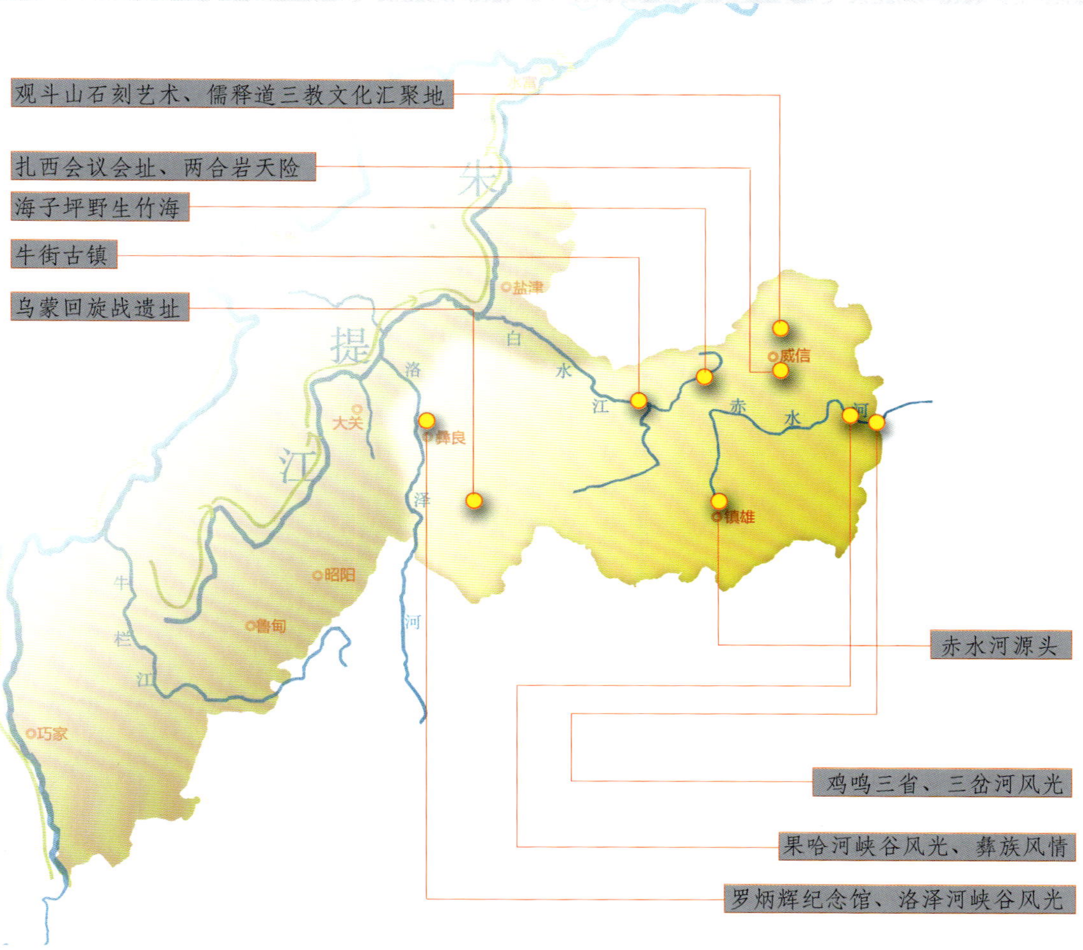


红色大峡谷，革命信念坚如磐石不可摧。革命先驱、中共湖北省委书记、满洲省临委书记刘平楷，跪别老母投身革命，身陷国民党监狱，受尽酷刑也英勇不屈，怒斥敌人：“大丈夫不怕死，为何以死惧之！”，慷慨就义，壮歌寰宇。

中共云南省委的早期优秀领导人李国柱，与同为省委领导、云南妇女运动的先驱的妻子吴澄，携手同赴刑场，践行了“凭我们不平之血的飞溅,把全世界来涂染遍”的铮铮誓言。“天地长流千古影，江山代谢百年情”，一对赤胆忠心的革命伉俪，英名传千古，浩气永长存。

红色大峡谷，革命精神代代传。时代英雄徐洪刚，为救弱女生死度外勇斗众歹徒，彰显新时代军人本色，谱写军民鱼水深情主旋律。

伟人说长征是宣言书，红色大峡谷就是宣言书起承转合中最奇崛的“转折”，下笔不凡，意义深远。

伟人说长征是宣传队，红色大峡谷中，发出的是革命战争号角的最强音：红军是打不垮、摧不毁的铁军，中国革命从此步步走向胜利。

伟人说长征是播种机，红色大峡谷中，革命的火种最明亮、最顽强，生生不息，终成熊熊燎原之势，烧掉一个旧世界，迎来一个崭新的共和国。

红色大峡谷，一把烈焰熊熊的火炬，燃烧大西南。

红色大峡谷，一曲豪迈激越的红歌，红遍全中国！

# 红色大峡谷
# 镇雄

◎镇雄位于云南省东北部，云贵高原，乌蒙山北麓，赤水河源头，东以赤水河为界与四川叙永相邻，南连贵州毕节、赫章，西毗彝良，北抵威信。镇雄开发较早，自公元前135年（西汉武帝建元六年）置南广县起，迄今已有2100多年，历史悠久，曾被称为“大雄古邦”。镇雄的无烟煤和硫铁矿等自然资源极为丰富，与滇西的腾冲共同享有“金腾越、银镇雄”的美誉。

# 赤水源头·大雄古邦

乌峰耸翠

赤水源

鱼洞喀斯特地貌

中屯小三峡

芒部小石林

赤水源万亩杜鹃林

斗马

芦笙舞

端工戏（傩戏）

彝族祭祀舞蹈/喀红呗

一星拱斗

乌峰千年古银杏

乌蒙回旋战贺龙指挥部旧址

广德关战场旧址

乌蒙回旋战烈士纪念碑

木卓仙人洞

大湾仓房上陇氏庄园古建筑

堰塘荷花

鸡鸣三省
四川
赤水河
云南
贵州
渭河

# 红色大峡谷 彝良

◎彝良地处云、贵、川三省结合部的乌蒙山区，东邻镇雄、威信县，南接贵州威宁、赫章县，西靠昭阳区、大关县，北与盐津县、四川筠连县毗邻。彝良是军事家罗炳辉、革命先烈刘平楷和时代英雄徐洪刚的故乡，是红军长征经过的地方。境内有省级风景名胜区小草坝，是世界天麻原产地，海子坪竹海旅游景区面积达40多平方公里，牛街古镇历史悠久，民族民间文化底蕴深厚。

# 英雄故里·天麻之乡

彝良——罗炳辉将军的故乡

奎香长征纪念碑

红二、六军团千里乌蒙回旋战遗址

江山如画

密林抱清溪 绝壁成峡谷

千年古镇/牛街

海子坪野生竹海

玉影清风

世界天麻原产地/小草坝

小草坝野生天麻

苗家刺绣

花山夜雨

花山开鼓

苗家唢呐

花山对歌

洛泽河瀑布

洛泽河峡谷

# 红色大峡谷
# 威信

◎威信县位于云南省东北隅，地处川滇黔三省结合部，国土面积1400平方公里，素有“鸡鸣三省”之称。威信是红军长征经过的地方，有着光荣的革命传统。1935年2月，中央红军长征集结威信并在此召开了著名的“扎西会议”。威信是全国最著名的红色旅游景区之一，其中扎西红军烈士陵园是“全国爱国主义教育基地”；扎西会议会址是“全国爱国主义教育示范基地”和“全国100个红色旅游经典景区”之一。

革命圣地 · 生态扎西

中國圖片社空軍部大陝古

扎西会议会址

扎西天险两河岩

扎西会议中央政治局庄子上会议旧址

## 中央政治局常委会议旧址/水田寨花房子

山重水复碧波间/水田果哈河小峡谷

两山壁立 一水中流

扎西火把节

苗族传统纺织

湾子苗族生态村

打糍粑

观斗山石雕艺术群

大雪山原始森林

重走长征路　宏扬长征精神

一湾春色鸡鸣处
两岸峰峦远近间

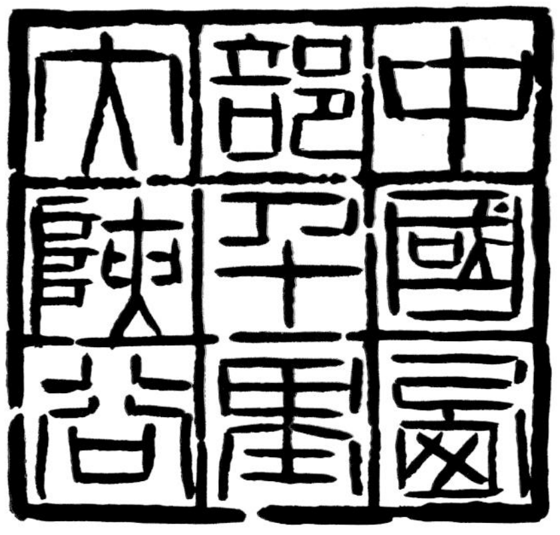